The Dingle Peninsula, Corca Dhuibhne, an ancient land with an ancient heritage, from stone megaliths to Celtic promontory forts to "Beehive" huts in the Christian settlement of Fahan when the Dingle Peninsula was a centre for Christian maritime pilgrimage. Ecclesiastical sites were founded throughout the peninsula during this time of Christian settlement. Religious sites in spiritual settings; the Gallarus Oratory, Kilmalkedar Church, St. Brendan's Oratory, Celtic crosses and ogham stones, the pilgrimage to Mount Brandon.

At the cultural core of the Dingle Peninsula is the Irish language and Irish traditional culture, crafts and folklore. The Gaeltacht is a predominantly Irish speaking area keeping the old traditions, customs and crafts very much alive. Traditional curraghs, vessels of tarred canvas on a framework of laths, as used by St. Brendan on his Atlantic voyages are still made and used for fishing and racing. Ancient stone walls in a creative geometric maze across the landscape. Traditional music, dance and art are infused into the lives of locals and visitors alike, bringing a Celtic vibrancy, verve, spirit and energy in an enriching experience for all.

Corca Dhuibhne, dúthaigh ársa le hoidhreacht ársa, ó na clocha meigiliteacha go dtí dúin cinn tíre Ceilteacha go dtí clocháin sean-áitreabh Chríostaí Ghleann Fáin nuair a bhí Corca Dhuibhne mar ionad oilithreacht mara. Bunaíodh láithreacha eaglasta ar fud na leithinise i rith an luathré Chríostaí seo. Láithreacha eaglasta in áiteanna spioradálta; séipéilín Ghallrois, séipéal Chill Mhaolchéadair, séipéilín Naomh Bréanainn, crosanna Ceilteacha agus clocha oghaim, an oilithreacht go barra Chnoc Bhréanainn.

Tá an Ghaelainn i gcroílár chultúrtha Chorca Dhuibhne maraon le cultúr traidisiúnta Gaelach, ceardaíocht agus béaloideas. Is í an Ghaelainn príomhtheanga na Gaeltachta, áit a mhaireann seana-thraidisiúin, sean nósanna agus lámhcheardaíocht. Naomhóga dúchasacha, báid le clúdach canbháis agus tarra ar chreatlach adhmaid, faoi mar a bhí ag Naomh Bréanainn féin fadó nuair a sheol sé amach san Atlantach. Déantar fós iad agus baintear úsáid astu le haghaidh iascaireacht agus ráiseanna. Clathacha cloiche ársa scaipthe i bpatrúin geoiméadracha ar fud na dúthaí. Ceol traidisiúnta, rince agus ealaíon fite fuaite i saol muintir na háite agus saol na gcuairteoirí ag cothú spiorad agus fuinneamh Ceilteach as a

Mount Brandon and Cloghane

Dingle Harbour

Friend

*I crested the hill
and drove down towards the patient islands,
moody blue against a silver sea;
marvelling how, out there,
nothing seems to change except the light*

From "FRIEND" By Áine Moynihan

Dingle from the Conor Pass

Faoiseamh Faoistine

Tair liom agus bí liom
Taobh le taobh, cois ar chois
Le faobhar na faille siar.
Féach and feicfhir
Radharc úr na súl flúirseach
Oscail poll balbh na cluaise
Éist go géar le fothram mara
Cloisir glórtha ó dhoimhneas uisce
Fiafrófar duit, labhair and freagair
Oscail do mheabhair do radharc tíre.

Tair liom and fan liom
Taobh na faille suas anáirde
Ar scroilleach garbh Chinn Sratha
Marcaigh tamall ar shrathar tíre
Tabhair spoir do shrianta bréithre
Siar síos go h-íor na spéire
Túirling tamall agus clois arís
Focail mholta ó mhuir na sinsearachta.

Ó "FAOISEAMH FAOISTINE" le Domhnall Mac Síthigh

Confessions Released

Walk with me side by side, step by step
On the edge of a western cliff
Look and you will see
Many sights to feast your eyes on
Open the inner depths of your ears
And listen carefully to the sounds of the ocean
You will hear murmurs from the deep
Speak and answer the call
Open your mind to nature's sights

Remain my close companion
Alongside the high cliffs
Rising above rocky Ceann Sraithe
Ride a while high
on the saddle of the land
Let your words rain down
West towards the horizon
Rest awhile and listen again
To the sea of your ancestors
With words of praise resounding

From "CONFESSIONS RELEASED" By Domhnall Mac Síthigh

Reask standing stones

Gallán near Lispole

Paleolithic, Early Stone Age, cave-dwellers inhabited Europe from 50,000 B.C. to 9000 B.C. From 6000 B.C. onwards, the Middle Stone Age people were to be found hunting on the edge of dense forests on the Dingle Peninsula and living amongst sandhills on a diet of shellfish. In the late stone or Neolithic age began the flowering of a great and original culture. Its stone monuments remain to commemorate its mysterious obsession with mathematics and the stars and the journey to the Otherworld. This was the start of the age of the megalith, standing stones or "galláin" and wedge graves, characteristic burial practices that carried on into the Bronze Age.

Mhair muintir na luath-Chlochaoise i bpluaiseanna san Eoraip ó 50,000 go 9,000 R.Ch. Ó 6,000 R.Ch. i leith, bhíodh muintir na meán-Chlochaoise ag seilg ar imeall na gcoillte tiubha ar leithinis Chorca Dhuibhne agus ag maireachtaint ar shliogéisc i ndumhcha trá. Sa ré Neoiliteach tháinig borradh ar chultúr iontach nua. Maireann a séadchomharthaí cloiche mar chuimhneachán ar an suim diamhair a bhí ag an gcultúr sin sa mhatamaitic agus sna réalta agus sa turas chun an Alltair. Ba é seo tús le ré na meigilite, galláin agus tuamaí dinge, deasghnátha adhlactha a lean go dtí an Chré-Umhaois.

Wedge grave overlooking Minárd

Acceptance

Small waves tumble tenderly on rippled sand,
stretch and recede, a slow deliberate massage.
A curlew hurries past on matchstick legs,
alone and ludicrous.

Smoke billows from a slope below Brandon.
Is the Fairy hill on fire? And will it disperse
the dark ghosts that dance before me
on the cliff path, luring me to where
Spanish soldiers sleep for centuries?

From "ACCEPTANCE"
By Áine Moynihan

Brandon from Pointe na Cathrach

Stradbally, Brandon Bay

Cliffs near Doonsheane

Inch Beach

The Beaker people, originally from North Africa, settled in Europe and South West Ireland from about 2400 B.C., mining rich deposits of copper bringing about a significant development in civilisation and prosperity. Around 1700 B.C., the Milesians – Gaels from Spain, originally Egypt, invaded Ireland. They engaged Banba, a queen of the Tuatha De Danann, a name for the people and tribes of Ireland, in an epic and legendary battle in the Slieve Mish mountains. Both sides endured serious fatalities, but ultimately the Milesians were victorious. The Tuatha De Danann being forced to hide underground then passed into legend to become the fairies.

Chuir Lucht na nEascra, a tháinig ó thuaisceart na hAifrice, fúthu san Eoraip agus in iardheisceart na hÉireann ó circa 2400 R.Ch. Bhídís ag mianadóireacht copair agus chuireadar go mór le forbairt na sibhialtachta agus an rathúnais. Thart ar 1700 R.Ch. dhein Clann Mhíle (Gaeil ón Spáinn agus roimhe sin ón Éigipt) ionradh ar Éirinn. Bhí cath cáiliúil acu ar Shliabh Mis in aghaidh Banba, banríon de chuid Tuatha Dé Danann. Maraíodh mórán ón dá thaobh ach ar deireadh bhí an bua ag Clann Mhíle. Cuireadh an ruaig ar Thuatha Dé Danann, chuadar faoi thalamh agus de réir na bhfinscéalta is iad siúd na síóga.

1986 - Caidhreamh - 2001

Má bhíonn tu liom anocht
bronnfaidh mé ort
airde Shliabh Mis de chion
ar mhiasa criostail;
taoscfaidh mé an fharraige
d'fhonn a bhfuil d'airgead
i ngarraí an iascaire
roinnt go fial ort,
déanfaidh mé bláth órga
Den ré, mar choróin
Cuirfidh mé ar do bhaithis,
Is níor lú a bléas
ná solas do shúl.

Ó "1986 – CAIDHREAMH – 2001" By Bríd Ní Mhoráin

Slieve Mish Mountains

Caherconree

1986 – Relationship – 2001

If you stay with me tonight
I'll give you love the height
Of Slievemish
On crystal vessels
I'll make a gold flower
Of the moon, as a crown
To put on your head
And it will blaze
No less than your eyes

From "1986 – RELATIONSHIP – 2001" By Bríd Ní Mhoráin

Loch Cruite, Brandon

You will never enjoy the world aright
till the sea itself
floweth in your veins, till you are
clothed with the heavens
and crowned with the stars; and
perceive yourself to be
the sole heirs as well as you

Traditional Verse

Fermoyle Strand, Brandon Bay

Old Dingle By The Sea

Old Dingle! Dear old Dingle!
Tho' I am far from thee;
I often sit and ponder,
On days that used to be.

And thro' an exile's dreaming,
I watch the flowing tide;
Thy Lighthouse ever beaming,
Across the ocean wide.

From "OLD DINGLE BY THE SEA"
By Mary Glover

Green Street, Dingle

An Díseart

Beautiful artifacts crafted in bronze and gold appeared from about 2000 B.C. to 1800 B.C. The construction of earthen ringforts and stone cahers began at this time - essential defence against the prosperous and dominant central European warrior bands.

The Iron Age heralded the arrival of the Celts. The Celts continued the old Atlantic tradition of megalith building - Celtic chieftains requiring an eternal memorial to their life and their victories. The Dingle peninsula boasts two of the highest and most impressive hill top forts, and promontory forts also abound.

Tháinig lámhdhéantúsáin áille déanta as cré-umha agus ór as an ré ó 2000 go 1800 R.Ch. Tosaíodh ar dhúnta cré agus cathracha cloiche a thógaint ag an am seo – cosaint a bhí riachtanach in aghaidh na gceithearna saibhre a bhí i réim san Eoraip Láir.

Tháinig na Ceiltigh i dtosach na hIarannaoise. Leanadar leis an seana-thraidisiún Atlantach de thógálacha meigiliteacha – bhí móréileamh ag na tiarnaí Ceilteacha ar bhuanchuimhne a saoil agus a gcathréim. Tá dhá cheann de na dúnta barra cnoic is airde agus is suntasaí ar leithinis Chorca Dhuibhne, agus tá fuíleach dúin cinn tíre le feiscint chomh maith.

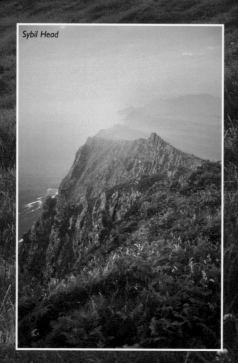

Sybil Head

Burial chamber, Mount Brandon

Sunset over Smerwick Harbour

An Cosán Bán

Ba féileacán é m'anam
ag blaistínteacht ó luibh go bláth,
ba leasc liom buanchumann a cheangal
gur thairgís dom deoch
ó thobar gan bhonn do ghrá,
- ach chonac scáil id' shúile a mheall mé,
bhuaileas mo bhéal ar an uisce
is thánag go sochma
i dtearmann do sheirce.

Ó "AN COSÁN BÁN"
By Bríd Ní Mhoráin

The White Path

My butterfly soul flitted
Sipping from herb and flower,
Loath to be still
Until you offered me a drink
from the well that never runs dry,
but the shadow in your eyes drew me,
I put my lips to the water and came so gently
into love's sanctuary

From "THE WHITE PATH"
By Bríd Ní Mhoráin

Reflections, Inch Beach

The Celts resisted being dragged into the continuum of history, and held on to the Dreamtime, the eternal present, the certainty of an unchanging pattern. The pattern was sacred, related to the Otherworld in which our own world has its origins. The Otherworld was always there, just beyond perception, secretly empowering human actions and giving meaning to events. Since the barrier between the worlds was thin, it could, according to tradition, be breached.

Níor ghéill na Ceiltigh do tharrac na staire ach choimeád siad greim ar Thír na nÓg, an láithreach síoraí, an chinnteacht a bhain le patrún nach n-athródh. Bhí an patrún céanna naofa, gaolmhar leis an Alltar, áit a bhfuil bunús an domhain seo againne. Bhí an tAlltar ann riamh, beagán as amharc, ag tabhairt cumhacht rúnda do ghníomhartha daonna agus ag tabhairt tuiscint ar imeachtaí. Os rud é go raibh an teorann idir an dá dhomhain chomh leochaileach, de réir an traidisiúin, d'fhéadfaí é a thrasnú.

Ballydavid Harbour

Owenmore Waterfall

The Three Sisters from Ballydavid Cliffs

Anascaul river mouth

By The Fireside

Black turf-banks crowned with whispering sedge,
And black bog-pools below
While dry stone wall of ragged ledge
Leads on, to meet the glow.

From "BY THE FIRESIDE"
By T.W. Rolleston

Sheep, Com an Lochaigh

Kilquane, at the foot of Mount Brandon

Snow on Brandon Peak

The Celtic priests – druids and bards – were originally Shamans who received messages from the Otherworld in a trance state. They found, in their reliance on memory, a natural ally in the art of poetry. The craft of versemaking became intimately associated with magical practice and Otherworldy power and has remained so throughout Celtic history.

Ba dhraoithe agus filí iad na sagairt Cheilteacha. Gheibhidís teachtaireachtaí ón Alltar nuair a bhídís ag taibhreamh. Chabhraigh an fhilíocht leo a gcuid cuimhní a nochtadh. Bhí dlúthbhaint ag ceard na véarsaíochta le cleachtadh na draíochta agus cumhacht an Alltair, agus is mar sin a bhí i gcónaí i stair na gCeilteach.

Into the Light, Brandon Peak

A Dingle Ramble

Mount Brandon holds last rays of day,
Where Brendan used retire to pray.
Long since he and his monks are gone
But in this height his name lives on.

From "A DINGLE RAMBLE"
By Brendan Foley

Pathway, Mount Brandon

From Slea Head to Dunmore Head

Beehive hut, Fahan

Ireland had become the heartland of the Celtic world. Druids and bards came to identify with the Christian message. Faith in the power of courage, of beauty and of illumination continued to be the wellspring of art and poetry. The Dingle peninsula became a focal point of early Christian activity from the 5th century onwards. There are many sites of early Christian settlements, particularly at the western end of the peninsula, notably at Fahan with its "beehive hut" or clochán dwellings.

Ba í Éire anois croílár an domhain Cheiltigh. Thóg na draoithe agus na filí teachtaireacht na Críostaíochta ar láimh. Ba é tobar na h-ealaíona agus na filíochta ná an creideamh i gcumhacht an mhisnigh, na h-áilleachta agus na h-ionspioráide. Lárionad luath-Chríostaí ab ea Corca Dhuibhne ón gcúigiú aois ar aghaidh. Tá mórán láithreacha luath-Chríostaí le feiscint, go h-áirithe in iarthar na leithinise, áit a bhfuil mórán clocháin in áiteanna ar nós Fán.

Across Dingle Bay from Fahan

Brandon Bay

A glorious summer sun arose above the ocean crest
And lightly kissed the murmuring streams and mountains of the west
On blithesome wing the lark did sing and blackbirds piped their lay
When I left my home, being forced to roam from dear old Brandon Bay

From "BRANDON BAY"
By Den. Griffin

Garywilliam Point, The Magharees

On the Shores of
Brandon Bay

My love and I strayed hand in hand
At the closing of the day,
We saw the sun kiss the moon goodnight
On the shores of Brandon Bay

From "ON THE SHORES OF BRANDON BAY"
By Rev. Arthur Wren Carlisle

Brandon Bay and the Magharees

View over Brandon Bay

Scraggane Bay, The Magharees

Fahamore, Brandon Bay

Cloghane Church

Solitude, Brandon Bay

Recall

Now I look down from Brandon
And see the Maharees
Veiled in the haze of Summer
Sleeping in the waveless seas

From "RECALL" By James Barrett

Do Chomhbhádóir

A fhile chaoin,
a bhfuil mianach na farraige ionat
is i do shínsir romhat
leis na seacht nglúnta,
tuig go ngabhfaidh an taoide seo léi aniar.

Ó "DO CHOMHBHÁDÓIR" Le Bríd Ní Mhoráin

To A Fellow Boatman

Oh gentle poet, with the pull of
the sea in your veins
and in your ancestors before you
for seven generations, know
that this tide too will ebb

From " TO A FELLOW BOATMAN" By Bríd Ní Mhoráin

Brandon Peak from Ballydavid Cliffs

Dooneen Pier

St. Brendan's house

Brandon Creek

St. Brendan the Navigator lived on the Dingle Peninsula between 490 and 570 A.D. Brendan travelled extensively, visiting the Orkney Islands, Shetland and Iona, writing an account of his long voyage. Subtitled "The Journey to the Promised Land", the book describes what the saint set out to find. He and fourteen other monks made a large wooden frame for their curragh and covered it with ox-hide tanned in oak bark solution, and fitted it with mast and sail and steering paddle. Some of the islands described by St. Brendan have clear links with real places. St. Kilda "home to hundreds of thousands of sea birds", Faeroe "supports many flocks of sheep", Iceland "has volcanoes", and "the fog banks" of Newfoundland. Celtic sailors seemingly could and did go where they pleased. Or, more precisely where God was pleased to allow them to go.

Mhair Naomh Bréanainn i gCorca Dhuibhne idir 490 agus 570 I.Ch. Thaisteal sé i gcian agus i gcóngar ag tabhairt cuairt ar Inse Orc, Sealtainn agus Oileán Í, agus ag scríobh cúntais ar a thuras fada. Leis an bhfotheideal 'Turas go Tír Tairngire', deineann an leabhar cur síos ar an méid a chuir an naomh roimhe a aimsiú. Dhein sé féin agus ceathrar déag manach creatlach mór adhmaid dá naomhóg agus chlúdaíodar é le craiceann daimh a bhí leasaithe le coirt dairí. Chuireadar crann agus seol uirthi agus maidí rámha isteach inti. Baineann na hoileáin taibhseacha luann Naomh Bréanainn le fíor oileáin: Oileán Naomh Kilda 'áit a mhaireann na céadta mílte éanlaithe mara', Oileán Faró 'áit a mhaireann mórán tréada caorach', an Íoslainn 'tá bolcáin ann', agus 'ceo trom' i dTalamh an Éisc. Is cosúil gur chuaigh máirneálaigh Cheilteacha pé áit ba mhian leo. Nó pé áit de réir toil Dé.

Fishermen and Curraghs, Dooneen Pier

The Corca Dhuibhne people of this early Christian period also lived on the northern side of the Iveragh peninsula. The peace of this existence was occasionally shattered by the savage forays of the Vikings, settling in places, such as Smerwick. The Vikings were, for a long time, pagans who worshipped gods of war and thunder, and did not hesitate to slaughter monks and steal their sacred treasure. The oratories, such as Gallarus, the many cross-slabs and clocháin, the churches as at Kilmalkedar, remain as evidence to the powerful faith of those early Christian settlers, and missionaries.

Sa ré luath-Chríostaí seo, mhair cuid de mhuintir Chorca Dhuibhne i dtuaisceart leithinis Uíbh Ráthaigh. Anois is arís cuireadh as don saol síochánta a bhí acu le foghanna fiachmhara na Lochlannach a chuir fúthu in áiteanna ar nós Smeirbhic. Págánaigh ab ea na Lochlannaigh a chreid i ndéithe an chogaidh agus na toirní, agus ní raibh aon doicheall orthu manaigh a mharú agus a gcuid seoda luachmhara a ghoid. Tá rian den gcreideamh láidir a bhí ag na luath-Chríostaithe agus misinéirí sin le feiscint sna séipéilíní, ar nós séipéilín Ghallrois, sna crosleacacha agus na clocháin, agus sna séipéil ar nós séipéal Chill Mhaolchéadair.

Stone crosses, Kilmalkedar

Kilmalkedar Church

Aisling Dhuibhneach

Is í seo do theanga labhartha féin,
A thaithíonn iothlann ildathach an anama.
Fan ina teannta is tabharfaidh sí léi-tú
Ar chóngar rúndiamhrach an mhantra
Thar thairseach an chiúinis isteach
Mar a gcloisfir croí is anáil na cruinne
Ag bualadh go tomhaiste
I gcomhcheol an aoibhnis.

Ó "AISLING DHUIBHNEACH" Le Bríd Ní Mhoráin

The Spokeswoman

Here is your true spokeswoman,
who lives in the soul's manycoloured barn.
Stay beside her and she will lead you
on the conscious path of the mantra
in over the threshold of quiet,
where you will hear
the heart and breath of the universe
beating rhythmically
in ecstasy's harmony.

From "THE SPOKESWOMAN" By Bríd Ní Mhoráin

The most breathtaking of all Celtic monasteries is built on the rock of Skellig Michael. The peak of an undersea mountain, the island rises sheer out of the Atlantic, to the South West of the Dingle Peninsula. Ancient beehive huts and hermitage cling to the precipitous outcrop. Built and occupied by monks rejecting the world, seeking to transcend the physical in search of spiritual discovery and truth. Celtic monks let salt water and the waters of the sea perform the function of a desert in extraordinary acts of privation and effort. Little Skellig Island is the second largest gannetry in the world with over 25,000 pairs. They soar imperiously around the peaks and dive at breakneck speed into the shoaling depths.

Tógadh an mhainistir Cheilteach is suntasaí ar Sceilg Mhichíl. Barra carraige fo-thoinn is ea oileán na Sceilge a éiríonn go géar as uiscí an Atlantaigh siar ó dheas ó leithinis Chorca Dhuibhne. Tá clocháin ársa agus díthreabh crochta ar an gcarraig ghéar aonair. Thug na manaigh a thóg iad agus a mhair iontu droim láimhe don saol mar iarracht ar an domhan fisiceach a shárú agus iad ar thóir na spioradáltachta agus na fírinne. Bhí an sáile ar nós díseart do na manaigh Cheilteacha agus iad i mbun gníomhartha neamhghnácha den nganntar agus na hiarrachta. Ar an Sceilg Bheag tá an líon is mó gainéadaí san aon áit amháin ar domhain le os cionn 25,000 péire. Deineann siad ardeitilt mhaorga mórthimpeall na gcarraigreacha agus tumann siad ar luas isteach i ndoimhneas na farraige.

The summit of Skellig Michael

Manach

Tusa Naomh Antaine,
nó Céile Dé
suite ar charraig
ar Sceilig Mhicíl.
Ciúnaíonn fíor mo chroise
an fharraige is an ghaoth.
Tá do lámha lán d'fhuiseoga.

Ó "MANACH"
Le Nuala Ní Dhomhnaill

Monk

You are St. Anthony
or some other saint
sitting in your rocky
hermitage.
you make the sign of the cross –
wind and sea no longer toss.
your hands are full of larks.

From "MONK"
By Nuala Ní Dhomhnaill

Looking towards Little Skellig

Mount Brandon rears up majestically to 3127'/953m, the highest point on the Dingle Peninsula. The coast at Brandon Head, where Masatiompan falls down to the sea, has a series of mighty cliffs. At the foot of these is a remarkable site called Faiche na Manach or the Monks Fields. The "Saints Way" starts its ascent of Mount Brandon from Ballybrack. Glorious, breathtaking Atlantic views, sweeping west coast panoramas, magical transforming light in everchanging weather. Pilgrims find spiritual inspiration here on their way to St. Brendan's oratory.

Éiríonn Cnoc Bhréanainn go maorga go 3127 troigh/953 méadar, an pointe is airde ar leithinis Chorca Dhuibhne. Tá sraith failltreacha míllteacha ar an gcósta ag Pointe an Choma Dhóite, áit a théann Más an Tiompáin le fána síos chun na farraige. Ag bun na bhfailltreacha céanna tá láthair shuntasach ar a dtugtar Fothair na Manach. Éiríonn Cosán na Naomh ó Bhaile Breac go barra Chnoc Bhréanainn. Radharcanna aoibhne áille ar an Atlantach agus amharc ar sholas draíochtúil a bhíonn ag síorathrú de réir na haimsire. Faigheann oilithrigh ionspioráid spioradálta anseo ar a slí go séipéilín Naomh Bréanainn.

Carrig, Ballydavid

The Monks Fields

Faoiseamh Faoistine

Siúl go réidh and scaoil le do rún
Ar fuaid na sléibhe i radharc do mhuintire
Tair liom and dein t'fhaoistin
Agus gheobhair ansúd faoiseamh aigne
Fuasclófar tú ó dhúr dorchadais
A seolfar chun siúil an cuan amach

Téir arís id' aonair seal
Le faobhar na faille siar
Éist go h-éadrom agus labhair ós iseal
Le clocha, carraigreacha and faoileáin mhara;
Dein t'fhaoistin agus geobhair faoiseamh,
Ach fill thar n-ais ar do mhuintir féinigh
Agus geobhair athuair go flúirseach fáilteach
Croí agus muintearas agus éisteacht bhuan.

Ó "FAOISEAMH FAOISTINE" Le Domhnall Mac Síthigh

Confessions Released

Tread quietly and set your secrets free
On the mountains in sight of your people
Come with me and make your confession
And you will find peace of mind
You will be released from deep darkness
Which will be swept out to sea

Walk on in solitude again
On the edge of a Western cliff
Listen quietly and speak softly
To the stones and rocks and seagulls
Confess and you will find peace,
But do return to your kin again
Where you will find a great welcome
Full of sympathy and compassion.

From "CONFESSIONS RELEASED" By Domhnall Mac Síthigh

Cruach Mhárthain to Smerwick Harbour

The feast of Lughnasa is the culmination of all the Celtic feasts of Samhain, Imbolg and Bealtaine – a feast representing the successful outcome of the year-long relationship between tribe and land. Before the Celtic Christian pilgrimages to Mount Brandon, this high place was a place of Celtic pagan ritual celebrating the ancient festival of Lughnasa. The victory of the young God, Lug, over Crom Dubh led to the burial of the carved stone head of Crom Dubh nearby.

Is í Féile Lúnasa buaicphointe na bhféilte Ceilteacha eile – Samhain, Imbolg agus Bealtaine – féasta chun ceiliúradh a dhéanamh ar an dtoradh rathúil a bhíonn ar an gcaidreamh bliantúil atá idir dhaoine agus an talamh. Sular thosnaigh na hoilithreachtaí Críostaí Ceilteacha go Cnoc Bhréanainn, ba ins an áit ard seo a ceiliúradh na deasghnátha págánacha do fhéile Lúnasa. Bhuaigh Lua, an dia óg, ar Chrom Dubh, agus cuireadh an dealbh cloiche de cheann Chrom Dubh faoi thalamh in aice láimhe.

Cappagh beach to Glennahoo

Galláin near Cloghane

Aréir Agus Mé I Mo Shuan

Aréir agus mé i mo shuan
taibhríodh dom – taibhseamh beannaithe!
go raibh séilteán ag brúchtaíl
aníos i mo chroí.
Dúrt: cén fhéith rúnda
a uisce, as a ritheann tú chugam,
uisce na beatha nua
nár ólas riamh cheana?

Ó "ARÉIR AGUS MÉ I MO SHUAN"
ón Spáinnis le Antonio Machado
Le Bríd Ní Mhoráin

Last Night As I Slept

Last night as I slept
I dreamt – oh blessed illusion!
That a stream was rising
In my heart.
I said: through what mysterious aquifer
Oh water, do you flow to me,
Water of new life
I never drank before?

From "LAST NIGHT AS I SLEPT"
from the Spanish by Antonio Machado
By Bríd Ní Mhoráin

Feohanagh River

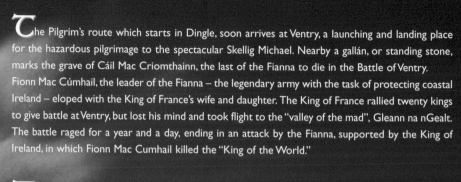

The Pilgrim's route which starts in Dingle, soon arrives at Ventry, a launching and landing place for the hazardous pilgrimage to the spectacular Skellig Michael. Nearby a gallán, or standing stone, marks the grave of Cáil Mac Criomthainn, the last of the Fianna to die in the Battle of Ventry. Fionn Mac Cúmhail, the leader of the Fianna – the legendary army with the task of protecting coastal Ireland – eloped with the King of France's wife and daughter. The King of France rallied twenty kings to give battle at Ventry, but lost his mind and took flight to the "valley of the mad", Gleann na nGealt. The battle raged for a year and a day, ending in an attack by the Fianna, supported by the King of Ireland, in which Fionn Mac Cumhail killed the "King of the World."

Tosnaíonn Slí na nOilithreach sa Daingean agus téann sí siar go Ceann Trá, áit a chuirtí chun farraige don oilithreacht dhainséarach go Sceilg Mhichíl. In aice láimhe tá gallán ar uaigh Cháil Mhic Criomhthainn, an duine deireannach do na Fianna a cailleadh i gcath Fionn Trá. D'éalaigh Fionn Mac Cumhail, ceannaire na bhFianna – an t-arm finscéalach a bhí ag cosaint chósta na hÉireann – le bean chéile agus iníon Rí na Fraince. Chruinnigh Rí na Fraince fiche rí eile chun cath a throid i bhFionn Trá ach chaill sé a mheabhair agus d'éalaigh sé go Gleann na nGealt. Lean an cath ar feadh bliain agus lá, agus chríochnaigh sé le hionsaí a dhéan na Fianna le tacaíocht Rí na hÉireann agus inar dhéan Fionn Mac Cumhail "Rí an Domhain" a mharú.

Winter storm, Clogher

The Dunes, Inch

Moonscape, Dunmore Head

Turas

Fágaim laistiar,
faoi smúit ceobhráin
an dúiche fhiáin seo.
Scáileanna na gcnoc
ina leathchiorcal timpeall
na trá báine, mar ar mhairbh
na laochra a chéile
is iad ag troid ar son
pé rud go dtroideann fearaibh
ar a shon.

Ó "TURAS"
Le Nuala Ní Dhomhnaill

A Journey

I leave behind
In a hazy mist
This wind-swept countryside;
The shadows of the mountains
Towering in a half-circle
Over the white strand
Where long ago the heroes
Killed each other,
Fighting over
Whatever it is that heroes
Fight over.

From "A JOURNEY"
By Nuala Ní Dhomhnaill

Ventry Beach at sunset

Standing stone, Dunmore Head

Beyond the clocháin at Fahan, the ocean road winds to Slea Head and the beautiful Coumeenole beach. Majestic ocean views at every turn of the road. Dunmore Head points towards the now uninhabited Blasket Islands. A striking promontory fort at Dunmore alludes to the size of the fort and also refers to the pagan deity Mór – a daughter of the sun – married to Lir, the god of the sea. An ogham stone stands defiantly on the headland. Stand here and breathe deep the ocean air, watch displays of changing light, the sheer power of surging ocean swells, soaring and wheeling seabirds, the Blasket Islands on the western horizon, now floating in shimmering seas, now consumed by driving squalls. A place to feel at one with nature's energy.

Siar ó chlocháin Ghleann Fáin, leanann bóthar na farraige go Ceann Sléibhe agus trá álainn Chom Dhíneol. Radharcanna maorga ar an aigéan ag gach casadh. An Dún Mór ag síneadh i dtreo na mBlascaodaí tréigthe. Tá an dún cinn tíre féin suaithinseach agus an t-ainm Dún Mór ag tagairt do mhéid an dúin agus don mbandia págánach Mór, iníon na gréine, a bhí pósta le Lir, dia na farraige. Tá cloch oghaim ag seasamh go dúshlánach ar an gceann tíre. Seas anseo agus dein aer úr an aigéin a análú, féach ar thaispeántais an tsolais ag síorathrú, cumhacht láidir na farraige suaite, éanlaithe mara ag eitilt go hard, Oileáin an Bhlascaoid ar íor na spéire san iarthar – seal ar foluain sna farraigí lonracha, seal báite ag gálaí gaoithe.

An Blascaod

Cad a bhéarfadh isteach mé
I measc na ndaoine,
A tháinig
D'aoibhneas an Oileáin
Ba shocra a bheinn
Ar luascadh na dtonn.

Fanfad tamall eile
Agus breithneod an tOileán Tiar
Fé gach solas
Ó fhuinneoga mo thí
Ar an míntír.

Lá éigin is faide anonn
Cá bhfios ná gheobhainn ionam
An iontaoibh
Chun siúl i measc sprideanna
Agus taisí an tsaoil a bhí.

Ó "AN BLASCAOD" Le Aogán Ó Muircheartaigh

The Great Blasket

Why would I go with those
Who came to breathe
Island peace?
'Tis more at rest I'd be
On the rolling sea.

No! I'll tarry yet awhile
And view the Western Isle
In every light
From my mainland
Home.

Some other day, perhaps,
I'll wake a confidence within
To walk among the ghosts and spirit
Of a life
Forever gone.

From "THE GREAT BLASKET" By Aogán Ó Muircheartaigh

The sheer spectacle continues, Dunmore Head, Clogher Head, Sybil Point, Ballyferriter, the Three Sisters - incomparable panoramas on the edge of the world. Land dwellers and sea goers alike are humbled by the might of the ocean and the all powerful Atlantic weather systems. The raging seas between the islands and the mainland have taken their toll on ships of the Spanish Armada and the Blasket Islanders. The ferry from Dunquin takes curious visitors to the dramatic Blasket Islands, last inhabited in 1953. The islanders enjoyed a simple but harsh existence. Emigration and the decline of their fishing eventually led to the abandonment of the islands.

Leanann na hiontaisí, an Dún Mór, Ceann Sraithe, Ceann Sibéal, Baile an Fheirtéaraigh, An Triúr Deirféar – radharcanna do-chreidthe ar imeall an domhain. Bíonn áitritheoirí na talún maraon le bádóirí umhal in éadan chumhacht an aigéin agus córais mhóra aimsire an Atlantaigh. Tá a chuid féin bainte ag fraoch feirge na farraige idir na hoileáin agus an mintír as longa an Armada Spáinneach agus as muintir an Bhlascaoid. Tugann an bád farantóireachta ó Dhún Chaoin turasóirí fiosracha isteach go dtí an Blascaod Mór a tréigeadh sa bhliain 1953. Bhí saol simplí ach crua ag muintir an oileáin. An imirce agus meath na hiascaireachta, ba iad sin cuid de na cúiseanna gur tréigeadh an t-oileán.

Sunset over the Blasket Islands

Tearaght Island

The sun retreats below the rim of the turning world,
Trailing golden pennants across the curling waves.
At land's end we may dream of passageways into the deep,
Invitations to explore the Earth's halls and chambers
Hidden beneath the sea, home to the Celtic sea goddess.

Traditional verse

Sybil Point

The road to Anascaul

The legend of Scál Ní Mhurnáin, a woman living near Lake Anascaul, who was attacked by a giant, is well known in local lore. Cúchulainn came to her assistance and fought the Giant atop the mountains of Dromavally and Knockmulanane, respectively. Casting insults in verse, boulders were also thrown and the giant on the higher peak scored a direct hit. On hearing Cúchulainn roar in pain, Scál thinking him dead, jumped in the lake and drowned.

Tá an finscéal faoi Scáil Ní Mhurnáin, bean a mhair in aice le Loch Abha na Scáil, ar ionsaigh fathach í, beo i mbéaloideas na háite. Throid Cúchulainn agus an fathach in aghaidh a chéile, duine ar bharra Dhrom an Bhaile agus an duine eile ar bharra Chnoc Mhaoilionán. Mhaslaíodar a chéile i véarsaíocht, chathadar bolláin chloiche lena chéile agus d'éirigh leis an bhfathach a bhí ar an sliabh níos airde Cúchúlainn a bhualadh. Nuair a chuala Scáil an béic a lig Cúchulainn as leis an bpian, cheap sí go raibh sé marbh agus léim sí isteach sa loch, áit ar bádh í.

Kinard

Anascaul Lake

Oileán

Oileán is ea do chorp
i lár na mara móire,
Tá do ghéaga spréite ar bhraillín
gléigeal os farraige faoileán.

Toibreacha fíoruisce iad t'uisí
tá íochtar fola orthu is uachtar meala.
Thabharfaidís fuarán dom
i lár mo bheirfín
is deoch slánaithe
sa bhfiabhras.

Tá do dhá shúil
mar locha sléibhe
lá brea Lúnasa
nuair a bhíonn an spéir
ag glinniúnt sna huiscí.
Giolcaigh scuabacha iad t'fhabraí
ag fás faoina gciumhais.

Is dá mbeadh agam báidín
chun teacht faoi do dhéin,
báidín fionndruine,
gan barrchleite amach uirthi
ná bunchleite isteach uirthi
ach aon chleite amháin
droimeann dearg
ag déanamh ceoil
dom fhéin ar bord,

Thóg fainn suas
na seolta boga bána
bogóideacha; threabhfainn
trí fharraigí arda
is thiocfainn chughat
mar a luíonn tú
uaigneach, iathghlas,
oileánach.

Ó "OILEÁN"
Le Nuala Ní Dhomhnaill

Island

Your body an island
in the great ocean.
Your limbs spread
on a bright sheet
over a sea of gulls.

Your forehead a spring well
mix of blood and honey –
it gave me a cooling drink
when I was burning
a healing drink
when I was feverish.

Your eyes are mountain lakes
a lovely August day
when the sky
sparkles in the waters.
Flowing reeds your eyelashes
growing at their margins

And if I had a boat
to go to you
a white bronze boat
not a feather out of place on it
but one feather
red feather with white back
making music
to myself on board

I'd put up
the soft white
billowing sails: I'd plough
through high seas
and I would come
where you lie
solitary, emerald,
insular.

From "ISLAND"
By Nuala Ní Dhomhnaill

Islands in the sun

Aisling Dhuibhneach

Is maith ann é fómhar na ngéanna,
Ach is fearr fós fómhar na bhfocal;
Bean thréitheach í an buanaí,
A bhaineann ór geal le búiú na gréine,
Tráthnóna os cionn Ard na Caithne.
Bailíonn sí líofacht dhearg an montbretia
Ar chlathacha atá ag breacadh ar fud na dúichí.
Ceanglaíonn sí flúirse chraorac na bhfiúises
Ina bpunanna vearsaí ceolmhara
Choimeádfadh combluadar leat cois tine
Is uaigneas ó dhoras oícheanta seaca.

Ó "AISLING DHUIBHNEACH" Le Bríd Ní Mhoráin

The Spokeswoman

Welcome to the Indian summer
A thousand welcomes to it's wordharvest;
The reaper is an able woman,
Who cuts the bright gold of sunset
At evening over Ard na Caithne.
She gathers the red fluency of montbretia
On ditches speckled and autumnal.
She binds the scarlet plenty of fuchsias
Into sheaves of musical verses
To keep you company by the fire
And loneliness from your door
On frostwhite nights.

From "THE SPOKESWOMAN" By Bríd Ní Mhoráin

Tractor, Minard Head

Jumping for joy, Wine Strand

West from Ballydavid Head

Delightful is the season's splendour,
winter's rough wind has gone;
bright is every fertile wood,
a joyful peace is summer.
the smooth sea flows,
season when the ocean falls asleep;
flowers cover the world.

9th Century Irish author – unknown

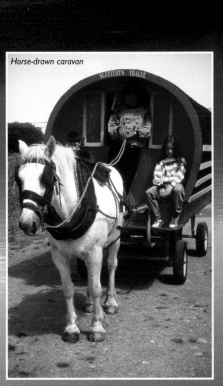

Horse-drawn caravan

Camp beach

Glanteenassig

Dingle, fishing port, market town, vibrant music venue and cultural centre, a place where the spirit of the Gaeltacht meets cosmopolitan alternative energies. Celtic energy meets new age. Festivals, such as the "Wren's Day" on St. Stephen's Day, Bealtaine, or May Day celebration, the Blessing of the Boats, the naomhóg regattas, and the Dingle races. An extraordinary diversity all tempered by the strong beliefs and underpinning values of the Christian church and the Celtic tradition. Now a bustling tourist destination, traditional ways merge with a visionary outlook to create a unique creative and cultural exchange.

An Daingean, calafort iascaireachta, baile margaidh, láthair bhríomhar ceoil agus lárionad cultúrtha, áit a bhualann spiorad na Gaeltachta le fórsaí iltíreacha eile. Fuinneamh Ceilteach ag nascadh leis an aois nua. Féilte ar nós Lá an Dreoilín, Lá Bealtaine, Beannú na mBád, ráiseanna báid agus ráiseanna capall an Daingin. Éagsúlachtaí suntasacha ar an ndéantar ceansú tríd an gcreideamh láidir agus luachanna bunúsacha an eaglais Chaitlicigh agus an traidisiún Ceilteach. Baile gnóthach turasóireachta is ea an Daingean san lá atá inniu ann, áit a thagann nósanna traidisiúnta agus dearcadh físiúil le chéile ag cruthú malairt cultúir shainiúil chruthaitheach.

Fungi

The Wren, Dingle

Dingle music pubs